Verlag und Druck:
tredition GmbH
Halenreie 40 - 44
22359 Hamburg
978-3-347-29222-2 (Paperback)
978-3-347-29223-9 (Hardcover)
978-3-347-29224-6 (e-Book)

Im Übrigen…

Blablaphorismen 1

saemulanz

Wer zitiert sich mit fremden Federn
schmückt, schreit der Pfau.

Die Beziehung zur Natur ist eine
Herzensangelegenheit, skandiert die
Klimaaktivistin.

In jede Seele schreibt sich das Leben nieder,
für niemanden lesbar und doch verewigt,
weiss Freud.

Ein Blick in unverdorbene Kinderaugen, ist ein Augenblick der Wahrheit, freut sich die frischgebackene Mutter.

Die Kunst braucht keinen Sinn, besteht die Kunsthistorikerin.

Schön, Dinge zuzulassen, ohne sie in Worte zu fassen, zirpt die Grille.

Satire ist der kompromisslose Spiegel vor den Augen der Gesellschaft, nur die Bilder der Zyniker sind noch schlimmer.

Ein hohes Alter allein zeugt nicht von gelebter Lebensfreude, frohlockt der pensionierte Clown.

Im Selbstgespräch, dem inneren Dialog
kommen wir unserem Du in kleinen
Schritten etwas näher, eröffnet sich der
Neurotikerin.

Die Augen sind die Seen der Seele, täuscht
sich die Liebende und ertrinkt in den Tränen
des Leids.

Der Tod hat nicht das letzte Wort, schreibt der Biograph.

In der Verzweiflung liegt der Anfang des Endes, denkt der Selbstmörder und freut sich auf das ewige Leben.

Die Glaubwürdigkeit liegt im
Zusammenspiel zwischen Form und Inhalt,
ist das Credo der Designerin.

Die Schönheit ist überall, man muss sie nur finden, quakt die Kröte.

Dumm ist, wer anderen Dummheit vorwirft, mahnen die Gelehrten.

Wer liest lebt, behaupten die Alphabeten.

Prinzipien sind dazu da, um sie wieder verwerfen zu können, widerspricht der Chaot und verliert sich in seiner Ordnung.

Je mehr ich denke, desto mehr verstehe ich,
denkt sich die Eule und findet den Schlaf
zwischen Morgen- und Abenddämmerung.

Füchse sind Nachtschwärmer, verkündet die Maus und verendet in den Krallen des Bussards.

Eulen sind Tagträumer, labert der
Siebenschläfer verschlafen.

Kunstbanausen entpuppen sich nicht selten als Faschisten, erfährt die Museumsaufsicht.

Zu viel Licht trübt den Blick, sagt der
Geblendete und wendet sein Antlitz aus der
gleissenden Sonne!

Dialektik, die Wahrheit findet sich im Paradox, vermuten die Skeptiker.

Die Mutter des Lichts ist die Dunkelheit,
beharrt die Nacht.

Im Einfachen lässt sich Komplexes
entdecken, kaprizieren sich die Wissenden.

Aller Anfang ist das schwarze Loch,
glauben die Physiker zu erkennen.

Der Dialekt ist die Farbe der gesprochenen Sprache, jodeln die Sennen.

Fotografieren ist Lichtmalerei, malen mit Licht, bekennt der Fotograf und drückt auf den Auslöser.

Was die Augen nicht zu sagen vermögen,
sind Poeten in der Lage zwischen den Zeilen
in Worte zu fassen, beteuert die Germanistin.

Fotografieren heisst sichtbar machen,
illustriert die Fotoreporterin mit ihren
Bildern der Katastrophe.

Das Bekannte ist der Schlüssel zum Unbekannten, versucht sich der verlorene Sohn zu retten.

Wer allein sein will, ist nicht einsam,
versichert der Eremit.

In der Vergangenheit liegt der Fortschritt,
geben die Zukunftsforscher zu.

Die Hoffnung liegt in der Vergangenheit,
postulieren die Historiker.

Die Stille zwischen den Klängen offenbart
die Musik, singt der Solist.

Die Vergangenheit ist die Quelle der Zukunft, weiss der Brunnmeister.

Die Aufklärung ist der Anfang der Emanzipation, plädiert die Frauenrechtlerin.

Die Romantik ist die Emanzipation der Emotionen, erleben die Liebenden.

Irdische Stille ist eine Utopie, das beweist die Taubheit.

Musik überwältigt die Unruhe der Seele,
träumt die Komponistin.

Um hinter die Dinge zu schauen, braucht es mehrere Perspektiven, flüstern die Geister.

Bücher braucht man nicht zu lesen, um sie zu lieben, ist die Bibliothekarin überzeugt und streift zärtlich über die Buchrücken.

Die, die am meisten haben, haben die grössten Schulden, sorgt sich das Gewissen.

Der Friedhof ist ein stilles Paradies, wenn da die Lebensläufe der Toten nicht wären, geht es dem Henker durch den Kopf.

Fremd, nicht jeder Mensch ist ein
Mitmensch, erfahren die Flüchtenden.

Diesseitiger Friede liegt im Gleichgewicht der Bedrohung, wissen die Diplomaten.

Die wichtigsten Fragen des Lebens muss jeder Mensch selber beantworten, blökt das Schaf.

Der wahre Frieden findet sich im Jenseits,
predigen die Geistlichen.

Was schön ist, altert gut! Das gilt nicht nur für Gebäude, prophezeit der Architekt.

Mit den Nebensätzen ist es wie mit dem Kleingedruckten. Meist steht darin das Wesentliche, durchschauen die Lesenden.

Auch Umwege führen ans Ziel, tröstet sich der Wanderer.

Oft ist die Nähe nicht die richtige Distanz,
um den Dingen näher zu kommen,
diskutieren die Philosophen.

Wieviel ist Rolle, wieviel ist ich, es herauszufinden heisst l(L)eben, doziert der Psychologe.

Sich zwischen den Dingen entscheiden zu können, bedeutet Freiheit, reflektiert der Gefangene.

Es gibt keine Gesichtscreme, um das
Gesicht zu wahren, bestätigt die Visagistin.

Die Mode ist, was Viele wollen, aber fast niemand trägt, beklagt die Modeschöpferin.

Abenteuer sind immer für eine
Überraschung gut, erzählt der kleine Bär.

Das Wesen der Dinge liegt nicht allein in der Rationalität, überlegt der Poet.

Den Baum erkennt man an dem Blatt,
murmelt die Raupe und frisst sich satt.

Regen reimt sich auch auf Segen, äussert sich der Optimist.

Mehr als genug ist Abfall, gibt der Existentialist zu bedenken.

Eigentlich findet sich wahres Glück nur in der Langeweile, denn Glück braucht Zeit, sinniert der Bettler.

Genug ist nie zu viel, schmunzelt der Vielfrass.

Nicht alles Nützliche ist angenehm, erfährt
der Geniesser.

Wen das Getane nicht interessiert, tue besser nichts, meint der Fatalist.

Das Denken ist der Weg zur Freiheit, zur Wahrheit, zur Gerechtigkeit, sind sich die Revolutionäre sicher.

Die Erwartung ist die Mutter der
Enttäuschung, liest die Wahrsagerin in den
Karten.

Der Augenblick relativiert die
Unendlichkeit des Seins, befürchtet der
Mönch.

Kunst ist ein Schlüsselwort, ein
Passepartout auch für die schwersten Türen
ohne Schloss jammern die Schlüssel.

Liegt das Glück nicht vielmehr in der Demut?, fragt die Filmschauspielerin.

Der Weg der Bildung führt über lebenslanges Lernen, beteuern die Lehrenden.

Philosophie ist die Wissenschaft der
relevanten Fragen, verkündet der Denker.

Wer kein Ziel hat, kann es nicht verfehlen und dennoch einen Treffer landen, sieht sich das Schicksal bestätigt.

Schönreden macht eine schlechte Sache auch nicht besser, ermahnt der Richter den Verteidiger.

Für Alles gibt es einen Weg, man muss ihn nur beginnen, ermutigt ihn der Therapeut.

Manchmal muss man stehen bleiben, um
sich zu entfernen, überlegt der Süchtige.

Zwischen Pessimismus und Optimismus
gibt es viel Raum, lacht das Gemüt.

Das Entweder Oder ist nicht der Wahrheit
letzter Schluss, rechtfertigt der Grauton
seine Existenz.

Mit der Transdendenz lernen wir das
Sterben leben, lehrt uns der Yogi.

Sein Herz ist blind, sein Geist ist stumm,
seine Seele taub? Wer ist das?
Der Teufel - ein verstorbener Atheist?

Es lässt sich nicht alles denken, beschwert sich das Gehirn.

Meist bleibt es dem Verstand versagt, den Gefühlen Ausdruck zu geben, erfährt die Psychiaterin.

Notlösungen halten oft ewig, beweisen viele Bauwerke.

Das Aussergewöhnliche des Unscheinbaren
ist das Besondere des Alltäglichen, ist die
Erkenntnis des Strassenwischers.

Wer denkt weiss. Wer fühlt lebt, steht auf seinem Grabstein.

Mancher Fachmann ist ein Fachidiot,
stellt der Laie fest.

Schön, wenn einem Dinge in den Sinn kommen, die ein Genie schon gedacht hat, wiederholt sich der Papagei.

Jeder Mensch denkt, dass seine Wirklichkeit die wirkliche Wirklichkeit ist, fällt der Wirklichkeit auf.

Wer hinter die Bilder schaut nähert sich der Wahrheit und ist der Kunst auf der Spur.

Demut ist keine Tugend der Mächtigen,
lehrt uns Cäsar.

Besserwisser sind oft Nichtskönner,
kritisiert der Macher die Theoretiker.

Narzissten sind schlechte Verlierer, oder wie war das mit Napoleon?

Der Puls der Natur ist der Klang der Stille,
verbreitet das Unkraut.

Im wirklichen Leben ist das grösste Theater,
erkennt nicht nur Brecht.

Was in der Seele angekommen, geht nie verloren, hofft der sterbende Schwan.

Gutes ist oft besser als das Beste, müssen die Besten auf die Dauer erfahren.

Akademische Bildung birgt die Gefahr in Sackgassen zu geraten, gestehen sich die Studierenden ein.

Die Naturwissenschaft ist ein Weg der Erkenntnis, allein die absolute Antwort findet sie nicht, registrieren die Forschenden.

Wer weise handelt profitiert selbst am meisten, raten uns Freunde.

Wer den Begriff dumm benutzt, läuft Gefahr
eine Dummheit zu begehen, warnt das Genie.

Zeitfracht Medien GmbH
Ferdinand-Jühlke-Straße 7
99095 Erfurt, Deutschland
produktsicherheit@kolibri360.de